평생감사
365 노트

평생감사 365 노트

ⓒ 생명의말씀사 2007, 2008

2007년 12월 7일 1판 1쇄 발행
2008년 10월 31일 2판 1쇄 발행
2019년 2월 11일   9쇄 발행
2025년 7월 22일 1판 68쇄 발행

펴낸이 | 김창영
펴낸곳 | 생명의말씀사

등록 | 1962. 1. 10. No.300-1962-1
주소 | 서울시 종로구 경희궁1길 6 (03176)
전화 | 02)738-6555(본사) · 02)3159-7979(영업)
팩스 | 02)739-3824(본사) · 080-022-8585(영업)

기획편집 | 유선영, 문효진
디자인 | 조현진
일러스트 | 이승애
인쇄 | 영진문원
제본 | 보경문화사

ISBN 978-89-04-17098-2 (03230) (노랑)
ISBN 978-89-04-17099-9 (03230) (연두)
ISBN 978-89-04-17150-7 (03230) (주황)

저작권자의 허락 없이 이 책의 일부 또는 전체를
무단 복제, 전재, 발췌하면 저작권법에 의해 처벌을 받습니다.

분주한 일상 그리고 어제와 다르지 않은 오늘이
반복되는 듯한 매일매일의 삶 속에서
하나님의 소중한 선물인 하루를
너무 홀대하고 있지는 않은지요.
〈평생감사 365 노트〉는
'감사하는 습관'이란 열쇠를 통해
여러분들 각자가 소유한 행복의 문을
열어드리기 위해 마련되었습니다.
숨 돌릴 겨를 없이 바빴던 하루 속에서,
작은 감사를 떠올리는 것이
얼마나 소중한 발견인지 알게 될 것입니다.
처음에는 '과연 오늘 감사할 일이 있기는 한가' 하는
생각이 들기도 하겠지만
1년 동안 꾸준히 실천해본다면
뜻밖의 행복감에 젖어드는 자신을 보게 될 것입니다.

가족과 친구, 선배, 멘토, 영적 지도자…
그리고 길을 걷다 발견한 낡은 벤치,
시원한 나무 그늘, 갈증을 해소해주는 물 한 컵…
주위를 살펴보면 얼마나 많은 감사의 제목들이 있는지요…
날마다 이 모든 것을 허락하신 하나님께 감사하고
사람들을 향해, 세상을 향해
감사의 고백을 한다면
누구보다 행복한 사람이 될 것입니다.

1. 두 손으로 일할 수 있음에 감사합니다.
2. 두 발로 걸을 수 있음에 감사합니다.
3. 두 눈으로 볼 수 있음에 감사합니다.
4. 두 귀로 들을 수 있음에 감사합니다.
5. 편안하게 숨 쉴 수 있고, 물 마실 수 있음에 감사합니다.
6. 만나는 사람마다 감사하고, 하는 일들마다 감사합니다.
7. 구하지 않았지만 주신 것 감사합니다.

1. 구했지만 주시지 않은 것도 감사합니다.
2. 그 모든 것 속에 주님의 깊은 뜻 담겼음을 알기에 감사합니다.
3. 사람들과 소통할 수 있는 스마트폰을 주셔서 감사합니다.
4. 다양한 읽을거리 책들을 주셔서 감사합니다.
5. 시골에서 부모님과 함께 할 수 있는 시간들을 주셔서 감사합니다.
6. 무엇보다 사랑하는 아내와 자녀들을 주셔서 감사합니다.
7. 큰 욕심 부리지 않고 작은 것에 감사하는 마음 주셨으니 순간순간 감사하고, 평생 감사합니다.

– 전광 목사의 감사노트

감사의 고백을
기록으로 남겨보세요.
감사는 하나님께 드리는
가장 좋은 선물입니다.

행복의 절대 기준

행복에는 절대 기준이 없다.
어느 수준이 되어야 행복하고
불행한 것인지 정답이 없는 것이다.
행복에는 교과서나 참고서가 있는 것도 아니고,
공식이나 모범 답안이 있는 것도 아니다.

Date. . . .

새해 첫날을 감사로 시작하라. 올 한 해가 달라질 것이다.

Today's **Thanks**

Today's **Prayer**

Date.   .   .   .

작은 감사가 큰 감사를 낳고, 감사가 커지면 행복도 커진다.

Today's **Thanks**

....

....

....

....

....

....

....

....

....

....

Today's **Prayer**

Date. . . .

하나님이 거하시는 곳이 두 곳 있는데, 천국과 감사하는 마음이다.

Today's **Thanks**

Today's **Prayer**

Date. . . .

만족의 나무에는 감사의 꽃이 피고,
감사의 꽃에서 행복의 열매가 열린다.

Today's **Thanks**

....

....

....

....

....

....

....

....

....

....

Today's **Prayer**

Date. . . .

모든 것을 참고 감사하면 불평은 없어진다.
– 헬렌 켈러

Today's **Thanks**

Today's **Prayer**

Date. . . .

옷 한 벌, 밥 한 끼, 숨쉬는 공기, 따스한 햇빛, 이 모두가 감사의 조건이다.

Today's **Thanks**

....

....

....

....

....

....

....

....

....

....

Today's **Prayer**

Date. . . .

감사 기도는 가장 강한 위력이 있다.
− 칼빈

Today's Thanks

Today's Prayer

Date. . .

주님께 감사하는 일에 예민한 사람이 되게 하옵소서.

Today's **Thanks**

Today's **Prayer**

Date. . . .

감사는 말로 하든지 행동으로 하든지 간에 인간다운 최고의 미덕이다.
- 라이트 훗

Today's **Thanks**

Today's **Prayer**

Date. . . .

아침에 눈을 뜰 때 감사하면 그날 하루가 행복해진다.

Today's Thanks

Today's Prayer

Date. . . .

감사는 무(無)에서 시작해야 한다. 무에서 출발하면 모든 것이 감사하다.

Today's **Thanks**

Today's **Prayer**

Date. . . .

감사함을 표하는 것은 또다시 받을 길을 닦아 놓는 것이다.

Today's **Thanks**

....
....
....
....
....
....
....
....
....
....

Today's **Prayer**

Date. . . .

사람이 얼마나 행복한가는 그의 감사함의 깊이에 달려 있다.
– 존 밀러

Today's Thanks

Today's Prayer

Date. . . .

어떤 이는 가시 중에도 장미가 피는 것을 감사한다.

Today's Thanks

....

....

....

....

....

....

....

....

....

....

Today's Prayer

Date. . . .

나는 감사할 줄 모르면서 행복한 사람을 한 번도 만나 보지 못했다.
– 지그 지글러

Today's Thanks

Today's Prayer

Date. . . .

우리가 평생 '감사합니다' 라는 기도만 해도 그것으로 충분하다.
– 마이스터 에카르트

Today's **Thanks**

Today's **Prayer**

Date.   .   .   .

thank(감사)와 think(생각)는 같은 어근이다.
'생각' 해 보면 '감사' 거리를 발견할 수 있다.

Today's **Thanks**

Today's **Prayer**

Date. . . .

감사를 모르는 자는 도토리나무 밑에서 도토리를 탐닉하면서
도토리가 어디서 떨어지는지 모르는 돼지와 같다.

Today's **Thanks**

Today's **Prayer**

Date. . . .

지겨운 회사에 오늘도 가야 하나 생각하기보다
출근할 회사가 있음에 감사하라.

Today's **Thanks**

Today's **Prayer**

Date. . . .

나에게 입과 손과 발이 있음을 감사한다. 이것들로 하나님의 마음을 전하리라.
– 우찌무라 간조

Today's **Thanks**

Today's **Prayer**

Date. . . .

큰 것보다 작은 것을 감사하라.

Today's Thanks

Today's Prayer

Date. . . .

마귀에게는 감사가 없다. 감사는 하나님께, 불평은 마귀에게 속한 것이다.
– 마르틴 루터

Today's **Thanks**

Today's **Prayer**

Date. . . .

감사는 긍정적인 사고에서 시작된다.

Today's Thanks

Today's Prayer

Date. . . .

감사하는 영혼의 달콤한 향기보다 더 하나님께 영광을 돌리는 것은 없다.

Today's Thanks

Today's Prayer

Date. . . .

감사의 마음은 스트레스와 불행과 좌절의 가장 강력한 방어 수단이다.

Today's Thanks

Today's Prayer

Date. . . .

미래에 일어날 일을 감사하기보다 지금 감사하라.

Today's Thanks

Today's Prayer

Date. . . .

감사하는 사람은 잃은 것보다 남아 있는 것을 볼 줄 아는 눈을 가지고 있다.

Today's **Thanks**

Today's **Prayer**

Date. . . .

감사할수록 하나님의 은혜를 더 경험하게 된다.

Today's **Thanks**

Today's **Prayer**

Date. . . .

즉석에서 하는 감사가 가장 유쾌하다.
지체하면 모든 감사가 헛되고 가치도 상실된다.

Today's **Thanks**

Today's **Prayer**

Date. . . .

모든 것은 마음먹기 나름이다.
자족할 줄 안다면 행복은 분명 내 것이다.

Today's **Thanks**

....

....

....

....

....

....

....

....

....

....

Today's **Prayer**

Date. . . .

이 세상에서 가장 상큼한 과일은 감사다.
- 메난드로스

Today's **Thanks**

....

....

....

....

....

....

....

....

Today's **Prayer**

감사의 노래

비록 아무것도 없다 할지라도
구원의 하나님을 자신의 하나님으로 모신 사람은
기뻐하고 즐거워하고 감사할 수 있다.
이미 세상에 어떤 것으로도 비교할 수 없는
가장 귀중한 보배를 소유했기에
만족하며 감사할 수 있는 것이다.
모든 것이 다 사라져도 영원히 사라지지 않는
하나님으로 인해 감사해야 한다.
비록 나의 모든 것이 사라진다 해도
하나님은 나의 감사의 노래가 되시며,
감사의 제목이다.

Date. . . .

감사하는 자세가 당신의 인생을 복되게 만든다.

Today's **Thanks**

Today's **Prayer**

Date. . . .

행운의 손바닥에 얼마나 많이 쥐었냐 하는 것은 행복과 아무런 관계가 없다.
— 기프슨

Today's **Thanks**

Today's **Prayer**

Date. . . .

감사하지 못하는 마음을 내려놓으면 무거웠던 심령도 훨씬 가벼워진다.

Today's **Thanks**

....

....

....

....

....

....

....

....

....

....

Today's **Prayer**

Date. . . .

감사는 예의의 가장 아름다운 형태이다.
– 자크 마리탱

Today's **Thanks**

Today's **Prayer**

Date. . . .

모든 일에 감사한 마음을 갖는다면 지금의 자리가 곧 천국이다.

Today's Thanks

Today's Prayer

Date. . . .

감사하는 사람은 젊어진다.
— 칼 힐티

Today's Thanks

Today's Prayer

Date. . . .

감사하는 마음처럼 아름다운 것은 없다.

Today's Thanks

....

....

....

....

....

....

....

....

....

....

Today's Prayer

Date. . . .

우리가 누구에겐가 감사하고 있을 때 불화나 반목은 발붙이지 못한다.

Today's **Thanks**

Today's **Prayer**

Date. . . .

하나님께 감사하는 것이 좋은 태도의 기본이다.

Today's Thanks

Today's Prayer

Date. . . .

긍정적이고 낙천적으로 살려면 내게 주어진 것에 감사해야 한다.

Today's Thanks

Today's Prayer

Date. . . .

감사를 통해 인생은 풍요해진다.

Today's **Thanks**

Today's **Prayer**

Date. . . .

세상에서 감사를 표하는 이의 행동보다 더 아름다운 것은 없다.
– 라 브뤼에르

Today's **Thanks**

Today's **Prayer**

Date. . . .

불평하는 버릇을 극복하려면 하나님께 받은 축복을 세어보라.

Today's Thanks

Today's Prayer

Date. . . .

감사한 마음으로 받는 사람에게는 풍성한 수확이 뒤따른다.
- W. 블레이크

Today's Thanks

Today's Prayer

Date. . . .

하나님이 감사의 절대적 기준이 될 때 우리는 범사에 감사할 수 있다.

Today's Thanks

Today's Prayer

Date. . . .

우리는 우리의 기도가 응답되기를 바라는 것처럼, 열심히 감사해야 한다.
― 시몬즈

Today's Thanks

Today's Prayer

Date. .   .   .

평화와 행복을 원하는가?
그렇다면 마음의 정원에 감사의 나무를 심으라.

Today's **Thanks**

....

....

....

....

....

....

....

....

....

....

Today's **Prayer**

Date. . . .

감사조건이 생길 때 감사하겠다고 생각하면 영원히 감사하지 못할 수도 있다.

Today's **Thanks**

Today's **Prayer**

Date. . . .

마음속에 감사한 생각이 없으면 파멸의 노를 젓고 있는 것이다.
– 기프슨

Today's Thanks

Today's Prayer

Date. . . .

겸손한 마음은 감사가 자연히 자라게 하는 토양이다.
– 헨리 워드 비처

Today's Thanks

....

....

....

....

....

....

....

....

....

....

Today's Prayer

Date. . . .

생각을 조금만 바꾸면 감사할 일이 주변에 너무 많다.

Today's **Thanks**

Today's **Prayer**

Date. . . .

감사는 반드시 얻은 후에 하지 않는다. 감사는 잃었을 때에도 한다.
– 김현승 시인

Today's **Thanks**

....

....

....

....

....

....

....

....

....

....

....

Today's **Prayer**

Date. . . .

감사하는 습관은 기쁨을, 기쁨은 행복을 부른다.
감사하는 습관은 행복을 부르는 주문과 같다.

Today's **Thanks**

Today's **Prayer**

Date. . . .

행복은 바로 감사하는 마음이다.
– 조셉 우드 크루치

Today's **Thanks**

Today's **Prayer**

Date. . . .

완성이 늦을수록 성취감은 숙성되어 그 맛이 그윽하다.
더딘 삶, 미완성에 감사하라.

Today's Thanks

Today's Prayer

Date. . . .

> 풍족함은 편하지만 감사할 줄 모르게 하고,
> 부족함은 불편하지만 무엇에겐가 감사하게 만든다. - 세르반테스

Today's Thanks

Today's Prayer

Date. . . .

천국과 지옥은 사람의 마음속에 있고 그 기준점은 감사함이다.

Today's **Thanks**

Today's **Prayer**

Date. . . .

긍정적인 생각을 가진 사람은 무슨 일이든 무조건 감사하게 받아들인다.
– 가나모리 우라코

Today's **Thanks**

Today's **Prayer**

Date. . . .

지난날에 대한 감사는 마음의 욕심을 없애고, 현재의 감사는 신바람을 일으키며, 미래에 대한 감사는 자신감과 용기를 준다.

Today's **Thanks**

Today's **Prayer**

Date. . . .

감사는 위대한 교양의 결실이다. 야비한 사람에게서는 그것을 발견할 수 없다.
– 존슨

Today's **Thanks**

Today's **Prayer**

Date. . . .

감사하다고 생각하면서 표현하지 않는다면
선물을 포장만 하고 주지 않는 것과 같다.

Today's **Thanks**

Today's **Prayer**

감사하는 사람의 마음

감사함으로 드리는 기도는
과거에 받은 은혜와 현재 누리는 모든 축복과
심지어 현재의 힘든 상황까지 합력하여
선을 이루실 것을 내다보며 미래까지 감사하는 것이다.
신선한 바람이 하늘의 먹구름을 말끔히 걷어가듯이
감사하는 마음은 염려의 먹구름을 순식간에 없애 버린다.
있는 것을 족한 것으로 알고,
남과 비교하지 않으며,
염려 대신 감사함으로 간구하는 사람의 마음에는
욕심, 비교, 염려의 씨앗이 자라날 수 없다.

Date. . . .

촛불을 보고 감사하면 전등불을, 전등불을 보고 감사하면 달빛을,
달빛에 감사하면 햇빛을, 햇빛에 감사하면 천국을 주신다. - C. H. 스펄전

Today's **Thanks**

Today's **Prayer**

Date. . . .

감사의 안경을 끼고 보면 세상에 감사거리가 아닌 것이 없다.

Today's Thanks

Today's Prayer

Date. . . .

감사는 과거에 주어지는 덕행이라기보다 미래를 살찌게 하는 덕행이다.
- 영국 속담

Today's **Thanks**

Today's **Prayer**

Date. . . .

감사는 인생을 맛깔스럽게 만드는 인생의 조미료이다.

Today's **Thanks**

Today's **Prayer**

Date. . . .

감사하는 마음이란 마음에 새겨둔 기억을 말한다.
– 마슈

Today's **Thanks**

Today's **Prayer**

Date. . . .

가장 겸손한 사람은 자신이 처한 현실에 대해 감사하는 사람이다.

Today's **Thanks**

....

....

....

....

....

....

....

....

....

....

Today's **Prayer**

Date. . . .

감사할 줄 아는 마음씨는 돈으로 살 수 없는 것 중 하나이다.
— 헬리팩스

Today's **Thanks**

Today's **Prayer**

Date. . . .

감사의 기술을 터득할 때 비로소 행복하리라.
– 기프슨

Today's **Thanks**

....
....
....
....
....
....
....
....
....
....

Today's **Prayer**

Date. . . .

가장 깊은 감사는 고난을 통과하는 사람의 감사다.

Today's Thanks

Today's Prayer

Date. . . .

감사하는 마음은 가장 훌륭한 미덕이며 다른 모든 덕의 어버이다.
− 키케로

Today's **Thanks**

Today's **Prayer**

Date. . . .

오늘 하루 먼저 웃고 먼저 사랑하고 먼저 감사하자.

Today's **Thanks**

Today's **Prayer**

Date. . . .

감사할 줄 모르는 자를 벌하는 법은 없다.
감사할 줄 모르는 삶 자체가 벌이기 때문이다. - 라이피 곱스

Today's **Thanks**

....

....

....

....

....

....

....

....

....

....

Today's **Prayer**

Date.   .   .   .

눈으로 보는 것마다, 귀로 듣는 말마다, 누구를 만나든지 감사하라.

Today's Thanks

Today's Prayer

Date. . . .

깨닫는 만큼 감사할 수 있고 감사하는 만큼 행복할 수 있다.

Today's **Thanks**

Today's **Prayer**

Date. . . .

외식하는 신자는 위급할 때 기도하지만 위험에서 건짐받으면 감사할 줄 모른다.
— 칼빈

Today's **Thanks**

Today's **Prayer**

Date. . . .

진정한 감사란, '그 사람' 자체를 감사하는 것이다.
그저 나의 곁에 존재하기 때문에 감사하는 것이다.

Today's Thanks

Today's Prayer

Date. . . .

평생 감사하며 살다가 한 점 미련 없이 생을 마치다.
– 원로 작가 한말숙 씨의 묘비명

Today's **Thanks**

Today's **Prayer**

Date. . . .

인생의 양지뿐만 아니라 음지에서도
흔들리지 말고 늘 하나님께 감사하라.

Today's **Thanks**

Today's **Prayer**

Date. . . .

상대방이 감사하다는 말을 하지 않는다고 신경 쓰지 말라.
감사란 마음을 기억하는 것이다.

Today's **Thanks**

Today's **Prayer**

Date. . .

감사란 하나님의 인도하심에 대한
과거와 현재와 미래의 은총을 인정하는 것이다.

Today's **Thanks**

Today's **Prayer**

Date. . . .

아무리 뛰어난 행동을 해도 하나님을 향한 감사의 마음이 없다면 생명 있는 신앙생활을 할 수 없다. - 우찌무라 간조

Today's **Thanks**

Today's **Prayer**

Date. . . .

남과 비교하며 불평하기 전에 현재 당신이 갖고 있는 것에 감사하라.

Today's **Thanks**

Today's **Prayer**

Date. . . .

감사의 문이 열려야 행복이 들어올 수 있다.

Today's **Thanks**

Today's **Prayer**

Date. . . .

나의 역경에 감사한다. 역경 때문에 나 자신, 나의 일,
나의 하나님을 발견했기 때문이다. - 헬렌 켈러

Today's **Thanks**

Today's **Prayer**

Date. . . .

행운을 만들기로 마음먹었다면
먼저 지금껏 이룬 것들을 생각해 보고 감사부터 해야 한다.

Today's Thanks

Today's Prayer

Date. . . .

아침에 일어날 때마다 그날 해야 할 일이 있음을 감사하라.
— 킹슬리

Today's Thanks

Today's Prayer

Date. . . .

내 모습 하나라도 마음 깊이 감사함으로
불만의 그늘에서 벗어나 만족의 햇살 속에 설 것이다.

Today's **Thanks**

Today's **Prayer**

Date. . . .

가장 축복받는 사람이 되려면 가장 감사하는 사람이 되라.
— C. 쿨리지

Today's **Thanks**

Today's **Prayer**

Date. . . .

기도에서 가장 중요한 것 두 가지는 "주옵소서"와 "감사합니다"이다.

Today's **Thanks**

Today's **Prayer**

Date. . .

감사 없는 소망은 의식 불명의 소망. 감사 없는 믿음은 줏대 없는 믿음.
감사 없는 삶은 사랑이 메마른 삶. - 조웻

Today's Thanks

Today's Prayer

Date. . . .

늘 하나님께 감사를 표하라. 그분은 마땅히 감사받을 분이시다.

Today's Thanks

Today's Prayer

감사의 언어

감사의 말은 우리 인체를 건강하게 할 뿐만 아니라
우리를 행복한 인생으로 만들어 준다.
"감사합니다"라는 따뜻한 말 한마디가
상대방의 닫힌 마음을 열어 주고,
메마른 인간관계를 부드럽게 하는 윤활유의 역할을 한다.
"감사합니다"라고 입술로
날마다 고백하는 사람의 마음은
기쁨과 즐거움이 넘치며,
여유로운 삶으로 더욱 감사하는 인생을 살게 된다.

Date. . . .

감사(thanksgiving)는 Thanks로 사례한 후
Giving으로 주는 것이다. - 웰스 속담

Today's **Thanks**

....

....

....

....

....

....

....

....

Today's **Prayer**

Date. . . .

감사는 손안에 있는 것 때문이 아니라,
마음속에 있는 것으로 인해 일어난다.

Today's Thanks

....

....

....

....

....

....

....

....

....

Today's Prayer

Date. . . .

감사의 마음은 얼굴을 아름답게 만드는 훌륭한 끝손질이다.
- T. 파커

Today's **Thanks**

Today's **Prayer**

Date. . . .

우리 마음이 감사로 가득 찰 때는 촉촉이 비에 젖은 들판 같으나, 감사가 사라질 때는 메마른 땅과 같다.

Today's **Thanks**

Today's **Prayer**

Date.   .   .   .

감사하는 최선의 방법은 하나님이 주신 것들을 잘 사용하는 것이다.
- A. 트롤로프

Today's **Thanks**

Today's **Prayer**

Date. . . .

사람이 쓰는 말 중에서 감사라는 말처럼 아름답고 고귀한 말은 없다.

Today's **Thanks**

Today's **Prayer**

Date. . . .

어떤 아름다운 것도 감사를 빼면 이미 절름발이다.
– 조웻

Today's Thanks

Today's Prayer

Date. . . .

감사가 있는 곳에는 인정이 있고, 웃음이 있고, 기쁨이 있고, 넉넉함이 있다.

Today's Thanks

....

....

....

....

....

....

....

....

....

....

Today's Prayer

Date. . . .

감사하는 마음은 다른 사람을 향하는 감정이 아니라,
자기 자신의 평화를 위한 감정이다. – 이어령

Today's **Thanks**

Today's **Prayer**

Date. . . .

비난, 비평, 불평하는 사람은 상대를 이간하고 깎아내리기 쉽다.

Today's **Thanks**

Today's **Prayer**

Date. . . .

항상 감사하는 사람과 사귀면 만사가 행복하다.

Today's Thanks

Today's Prayer

Date. . . .

천국에도 싸움이 있다. 바로 감사 싸움인데,
하나님 앞에 서로가 더 큰 감사를 드리기 위함이다. – 한경직

Today's **Thanks**

....

....

....

....

....

....

....

....

....

....

Today's **Prayer**

Date. . . .

가장 겸손한 사람은 자신이 처한 현실에 감사하는 사람이다.

Today's Thanks

.....	....
.....	....
.....	....
.....	....
.....	....
.....	....
.....	....
.....	....
.....	....

Today's Prayer

Date. . . .

당신이 받은 축복을 세어보면
하나님께 대한 찬양이 저절로 나온다.

Today's **Thanks**

Today's **Prayer**

Date. . . .

감사하는 영을 개발하라. 그러면 그대는 영원한 잔치를 즐길 것이다.
— 맥더프

Today's Thanks

Today's Prayer

Date. . . .

감사의 삶은 긍정적이다. 그리고 낙천적이다.

Today's Thanks

Today's Prayer

Date. . . .

감사할 줄 모르는 아이를 가진 것은
뱀의 이빨과 같이 무서운 일이다. – 셰익스피어

Today's **Thanks**

Today's **Prayer**

Date. . . .

행복할 때만 감사하려면 감사는 평생 불가능한 것이 된다.

Today's Thanks

Today's Prayer

Date. . . .

감사는 하나님의 은총에 대하여 기억하는 것일 뿐 아니라
마음의 경의를 표하는 것이다. – 존슨

Today's **Thanks**

Today's **Prayer**

Date. . . .

생명을 주신 부모님께 감사하라. 부모의 긍정적인 뿌리뿐 아니라
부모에게서 받은 상처에 대해서도 감사하라.

Today's **Thanks**

Today's **Prayer**

Date. . . .

감사의 마음은 창조적인 반응과 삶의 힘을 증진시켜 준다.

Today's **Thanks**

Today's **Prayer**

Date. . . .

매일 아침 일어나면 열심히 생활할 수 있는 새날을 주심에 감사하라.

Today's **Thanks**

Today's **Prayer**

Date. . . .

잠자리에 들기 전에 오늘 하루 무사히 보낼 수 있게 된 것을 감사하라.

Today's **Thanks**

Today's **Prayer**

Date. . . .

내 옆에 아내 또는 남편, 부모님 또는 자녀들이 있다는 것을 감사하라.

Today's **Thanks**

Today's **Prayer**

Date. . . .

과거의 은혜를 회상할 때 감사는 태어난다.
- T. 제프슨

Today's **Thanks**

Today's **Prayer**

Date. . . .

감사는 우리가 원하는 것을 얻게 해주는 강력한 힘이고 행복의 조건이다.

Today's Thanks

Today's Prayer

Date. . . .

교만은 감사를 살해하지만 겸손한 마음은 감사의 밭이 되어 준다.

Today's Thanks

Today's Prayer

Date. . . .

감사 조건이 많은데도 감사 없는 인생은
항상 불평하면서 인생을 어둡게 살아간다.

Today's Thanks

Today's Prayer

Date. . . .

날마다 빵을 굽고, 청소하는, 이 모든 사소한 일을
흡족하게 할 가정을 주셔서 감사하나이다. – 리디아 오 잭슨

Today's **Thanks**

Today's **Prayer**

Date. . . .

불평하는 것은 망하는 연습을 하는 것이고,
감사하는 것은 성공하는 연습을 하는 것이다.

Today's Thanks

Today's Prayer

Date. . . .

무력으로 얻은 재산은 지속되지 않지만, 은혜에 대한 감사는 영원하다.
- Q. C. 루프스

Today's Thanks

....

....

....

....

....

....

....

....

Today's Prayer

감사로 걷는 길

우리 인생길은 탄탄한 평지만
놓여 있는 것은 아니다.
오르막과 내리막이 끊임없이 펼쳐지는
불편한 길을 여행하는 것이다.
질병의 고통을 안고 내리막길을 치닫고 있을 때
주님과 함께 감사함으로
그 길을 즐길 수 있다면,
주님은 오르막길의 기쁨도 맛보게 해주실 것이다.

Date. . . .

감사하는 가정에는 불평과 원망의 구름이 사라지고
기쁨과 행복의 따뜻한 햇빛이 비쳐온다.

Today's **Thanks**

Today's **Prayer**

Date. . . .

미래의 축복을 위해 기도하는 것보다 지금까지의 은혜에 감사하는 것이
영적 생활에 진보를 가져다준다. - W. 템플

Today's **Thanks**

Today's **Prayer**

Date. . . .

가정을 주신 하나님께 감사하는 사람이
가장 평범하고도 특별한 감사를 아는 사람이다.

Today's **Thanks**

Today's **Prayer**

Date. . . .

정의는 종종 창백하고 우울하나 감사는 항상 활기찬 물결과
사랑스러운 꽃 속에 있다. - 월터 사베지 랜더

Today's **Thanks**

Today's **Prayer**

Date. . . .

가족들에게 먼저 "감사합니다"를 습관화하자.

Today's Thanks

Today's Prayer

Date. . . .

감사할 줄 아는 사람에게 베푸는 것은 높은 이자로 빌려주는 것과 같다.
– 영국속담

Today's Thanks

Today's Prayer

Date. . . .

감사는 계절도 시간도 없다.
감사는 어느 곳에서든지 캐낼 수 있는 따뜻한 마음의 선물이다.

Today's **Thanks**

....

....

....

....

....

....

....

....

....

....

Today's **Prayer**

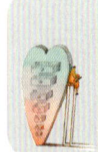

Date. . . .

올바른 기도는 간청의 기도가 아니라 감사의 기도다.

Today's Thanks

Today's Prayer

Date. . . .

지금 갖고 있는 것은 정말 내 것이 아니라 사는 동안 잠시 빌려 쓰고 있는 것이다.
그래서 늘 감사하는 마음으로 살아야 한다.

Today's **Thanks**

Today's **Prayer**

Date. . . .

> 기독교인들의 세 가지 덕목인 믿음, 소망, 사랑에
> 하나를 더 추가한다면 당연 감사이다. – 라인홀드 니이버

Today's **Thanks**

Today's **Prayer**

Date. . . .

가진 것 때문에 감사하는 것이 아니요, 우리의 되어진 바로 인해 감사한다.
– 헬렌 켈러

Today's **Thanks**

Today's **Prayer**

Date. . .

긍정적이고 낙천적인 인생관을 가진 자들은
조그만 일에서도 감사의 조건을 찾는다.

Today's Thanks

Today's Prayer

Date. . . .

감사함으로 행복해지는 비결을 배우는 것이 그리스도인의 지혜이다.

Today's Thanks

Today's Prayer

Date. . . .

감사는 고결한 영혼의 얼굴이다.
— T. 제프슨

Today's **Thanks**

Today's **Prayer**

Date. . . .

감사 조건이 적은데도 감사가 있는 인생은
항상 감사하면서 인생을 밝게 살아간다.

Today's **Thanks**

Today's **Prayer**

Date. . .

족한 마음으로 쉬고, 밤이면 잠속에 내맡기는 일,
이 모든 일 속에서 내가 얻은 사랑에 대해 감사하나이다. – 리디아 오 잭슨

Today's **Thanks**

Today's **Prayer**

Date. . . .

기쁨과 설움을 같이 하는 가족들에게 감사하라.

Today's Thanks

Today's Prayer

Date. . . .

하나님의 자비를 감사드릴 때 하나님의 자비는 더 풍성해진다.
― C. H. 스펄전

Today's **Thanks**

.... _____
.... _____
.... _____
.... _____
.... _____
.... _____
.... _____
.... _____
.... _____
.... _____

Today's **Prayer**

Date. . . .

행복하려거든 감사함에 눈 떠야 한다.

Today's Thanks

Today's Prayer

Date. . . .

이전에 받은 복에 대한 감사는 하나님의 또 다른 복을 받도록 한다.
— R. 헤릭

Today's **Thanks**

Today's **Prayer**

Date. . . .

가장 품위 없는 사람들은 감사할 줄 모르는 사람들이다.

Today's **Thanks**

Today's **Prayer**

Date. . . .

작은 것에 감사하지 않는 자는 큰 것에도 감사하지 않는다.

Today's **Thanks**

Today's **Prayer**

Date. . . .

감사하면 물질의 축복, 마음의 넉넉함, 능력의 축복,
이 세 가지 축복이 찾아든다.

Today's **Thanks**

Today's **Prayer**

Date. . . .

심장의 고동처럼 규칙적으로 하나님께 감사하면 삶이 건강해진다.
– 콘래드

Today's **Thanks**

Today's **Prayer**

Date. . . .

하나님을 향한 감사는, 그분의 자비를 우리가 항상 받기에, 끊임없어야 한다.
- C. 시몬스

Today's Thanks

Today's Prayer

Date. . . .

하나님께 감사하며 사는 것은 좋은 인생을 살 수 있는 출발점이다.

Today's Thanks

Today's Prayer

Date. . . .

하나님은 우리가 감사할 때 용서해 주시고,
다른 부드러운 형태로 우리의 속박을 풀어주신다. - R. 크릴리

Today's **Thanks**

Today's **Prayer**

Date. . . .

잠들기 전 하나님께 감사하는 시간을 가져라.

Today's **Thanks**

....

....

....

....

....

....

....

....

....

....

Today's **Prayer**

Date. . . .

믿음과 소망과 사랑과 기쁨 주신 것을 감사하라.

Today's Thanks

Today's Prayer

Date. . . .

하나님을 가장 잘 섬기고 가장 잘 복종하는 사람은
찬양하고 감사하는 사람이다. – 버이킷

Today's **Thanks**

Today's **Prayer**

Date. . . .

땅도 메마르면 쩍쩍 갈라지듯, 사람도 감사할 줄 모르면 쉽게 메마르게 된다.

Today's **Thanks**

Today's **Prayer**

감사를 선택하는 인생

감사는 하나님의 뜻이고 불평은 사탄의 뜻이다.
그리고 감사를 택하든 불평을 택하든
그것은 우리의 자유다.
그러나 결과는 판이하게 다르다.
같은 환경이지만 감사하기로 작정한 사람의
삶은 풍요롭고 행복하다.
반대로 불평하기로 작정한 사람의 인생은
피곤하고 불행하다.
감사는 우리의 얼굴빛을 평온하게 만들지만,
불평은 우리의 얼굴빛을 어둡게 만든다.

Date.   .   .   .

사람에게 가장 큰 저주는 '목마름'이 아니라
감사하는 마음이 생기지 않는 '메마름'이다.

Today's **Thanks**

....

....

....

....

....

....

....

....

....

....

Today's **Prayer**

Date. . . .

오병이어의 기적은 부족할수록 감사하라는 주님의 감사교육이다.

Today's **Thanks**

Today's **Prayer**

Date. . . .

내 모든 기도가 응답되지 않은 것에 대하여
하나님께 감사하지 않을 수 없다.

Today's **Thanks**

Today's **Prayer**

Date. . . .

감사는 행복을 비추어주는 거울이다.

Today's **Thanks**

Today's **Prayer**

Date. . . .

감사가 없으면 날마다 쌓이는 불만과 욕망으로
영혼이 빠져들고 죄 짐으로 무거워진다.

Today's **Thanks**

Today's **Prayer**

Date. . . .

큰 감사는 큰 믿음의 아들이요, 좋은 믿음은 좋은 감사의 근원지다.

Today's **Thanks**

Today's **Prayer**

Date. . . .

그리스도를 소유한 사람은 외적 환경과 소유에 일희일비하지 않고 늘 감사하며 기뻐한다.

Today's Thanks

....

....

....

....

....

....

....

....

....

Today's Prayer

Date. . . .

하나님을 향한 모든 감사와 사랑은
우리를 향한 하나님의 사랑에 대한 응답이다. - W. 템플

Today's Thanks

Today's Prayer

Date. . . .

감사는 행복의 문을 여는 열쇠이다.

Today's Thanks

Today's Prayer

Date. . . .

어디서 드리든, 감사의 노래, 간절한 기도, 마음의 분향은 하늘나라에 상달된다.
― J. 피어폰트

Today's **Thanks**

Today's **Prayer**

Date. . . .

지상에서 최후의 피난처인 나의 가정에 주님이 계심을 아버지께 감사하나이다.
- 리디아 오 잭슨

Today's **Thanks**

Today's **Prayer**

Date. . . .

가정에서의 감사는 삶에 꼭 필요한 활력소이다.

Today's **Thanks**

Today's **Prayer**

Date. . . .

고난에 대해 감사드릴 때 고난이 사라짐을 보게 된다.
- C. H. 스펄전

Today's **Thanks**

Today's **Prayer**

Date. . . .

살아 있는 사실에, 사랑하는 가족이 있음에,
마음껏 활보할 수 있는 건강이 있음에 감사하라.

Today's **Thanks**

Today's **Prayer**

Date. . . .

하나님을 향한 감사는 그분의 은혜가 한없기에 열렬해야 한다.
- C. 시몬스

Today's **Thanks**

Today's **Prayer**

Date. . . .

하루 동안 하나님이 내게 주신 모든 것에 감사하라.

Today's **Thanks**

Today's **Prayer**

Date. . . .

감사로 마음의 밭을 촉촉이 적셔라. 감사의 열매가 맺히리라.

Today's **Thanks**

Today's **Prayer**

Date. . . .

감사하는 마음은 성숙한 인격의 척도이다.

Today's Thanks

Today's Prayer

Date. . . .

성령충만이 곧 감사충만이다.
- 토리 박사

Today's Thanks

Today's Prayer

Date. . . .

기쁨만 아니라 슬픔도 감사하겠습니다.

Today's Thanks

Today's Prayer

Date. . . .

감사하는 것에 인색하지 않는 자는 축복의 열쇠를 손에 쥔 자이다.

Today's **Thanks**

....
....
....
....
....
....
....
....
....

Today's **Prayer**

Date. . . .

'누구는 저렇게 사는데 나는…' 이라고 생각하는 사람은 불행한 사람이다.

Today's **Thanks**

Today's **Prayer**

Date. . . .

소금이 음식에 맛을 주는 것처럼 감사는 영적 생활의 소금이다.

Today's Thanks

Today's Prayer

Date. . .

그리스도인은 아무것도 없어도 감사를 고백할 수 있어야 한다.
감사의 근원을 하나님께 두고 있기 때문이다.

Today's Thanks

Today's Prayer

Date. . . .

감사하는 법을 배울 때 좋은 일에 집중하는 법을 배우고 있는 것이다.
- 에이미 반데빌트

Today's Thanks

Today's Prayer

Date. . . .

성공만 아니라 실패도, 희망만 아니라 절망도 감사하겠습니다.

Today's **Thanks**

Today's **Prayer**

Date. . . .

만족하지 못할 때 따르는 결과는 불평불만과 짜증과 자포자기이다.

Today's Thanks

Today's Prayer

Date. . . .

주어진 환경에 만족하고 감사하면 행복과 기쁨이 가득해진다.

Today's **Thanks**

....

....

....

....

....

....

....

....

....

....

Today's **Prayer**

Date. . . .

상대에게 은혜를 베풀면, 혀끝의 독도 감사로 변한다.
– 그라시안

Today's **Thanks**

Today's **Prayer**

Date. . . .

지금 이 순간 살아 움직이고 있음을 감사하라.

Today's Thanks

Today's Prayer

Date. . . .

감사는 경건한 심령들이 하나님의 인도하심과
은총의 꽃으로부터 얻을 수 있는 생명의 꿀이다.

Today's **Thanks**

Today's **Prayer**

감사의 충분조건

살아 있다는 것보다 더 큰 감사가 있을까?
우리가 매일 아침 습관처럼 눈을 뜨는 것이
당연한 일처럼 생각되지만
오늘 아침만 해도 다시 눈을 뜨지 못하고
세상을 떠난 사람이 얼마나 많을까?
한번이라도 내가 숨 쉬고 걷고 달리고 말할 수 있음에
감사해 본 적이 있는가?
오늘 살아 있음을 감사해 보았는가?
살아 있음은 기적이다.
그리고 기적은 감사의 충분조건이다.

Date. . . .

감사는 훌륭한 교양의 열매이다.

Today's **Thanks**

Today's **Prayer**

Date. . . .

하나님을 향한 감사는 그분의 은혜의 부요함이 한없음으로 헌신적이어야 한다.
— C. 시몬스

Today's **Thanks**

Today's **Prayer**

Date. . . .

감사하는 마음은 닫힌 마음을 여는 비결이다.

Today's **Thanks**

Today's **Prayer**

Date. . . .

생명뿐 아니라 죽음도 감사하겠습니다.

Today's Thanks

Today's Prayer

Date. . . .

감사는 하나님께 보내는 가장 강력한 진술이다.

Today's Thanks

Today's Prayer

Date. . . .

"내가 못해 줘서 미안해요!" "당신이 잘해 줘서 감사해요!"
행복을 주는 두 가지 천국 언어이다.

Today's **Thanks**

Today's **Prayer**

Date. . . .

하루에 일만 번씩만 감사하면 못 고칠 병이 없다.
– 후지다

Today's **Thanks**

Today's **Prayer**

Date. . . .

감사는 소유의 크기가 아니라 생각의 크기이고 믿음의 크기이다.

Today's **Thanks**

Today's **Prayer**

Date. . . .

영성을 가늠하는 최고의 기준은 감사의 능력이 얼마나 큰가에 달려 있다.

Today's **Thanks**

Today's **Prayer**

Date. . . .

아름다운 것들은 은은하게 향기를 풍길 수 있다.
그러나 시간이 지나고 멀리 그곳이 잊혀지거나 조용히 될 때가 많다.

Today's Thanks

Today's Prayer

Date. . . .

오늘 하루도 마음을 가지런히 기도문을 쓴다.

Today's Thanks

Today's Prayer

Date. . . .

용서는 분노가 등이이 용서이 동산을 끌으로 나간다.

Today's Thanks

Today's Prayer

Date. . . .

무신론자의 가장 나쁜 순간은 그가 진실로 감사해야 할 때,
감사할 대상이 없다는 것이다.

Today's **Thanks**

Today's **Prayer**

Date. . . .

땅에서 무엇을 갖거나 갖지 못한 것은 상대적인 것이다.

Today's **Thanks**

Today's **Prayer**

Date. . . .

가진 것만 아니라 없는 것도, 풍족할 때만 아니라
부족할 때에도 감사하겠습니다.

Today's Thanks

Today's Prayer

Date. . . .

감사는 하늘로 통하는 통로이다.

Today's **Thanks**

Today's **Prayer**

Date. . . .

어떤 경우든 감사하라. 감사하는 사람과 친하라.
원망하는 사람과 사귀지 말라. – 유대인 어머니의 자녀교육

Today's **Thanks**

Today's **Prayer**

Date. . . .

불평거리를 찾다 보면 어느새 희망은 사라진다.

Today's Thanks

Today's Prayer

Date. **.** **.** **.**

감사하는 마음은 거만해지지 않도록 하며, 조용하고 겸손한 인간을 만든다.

Today's **Thanks**

Today's **Prayer**

Date. . . .

행복한 삶을 살기 위해서는 지능지수, 감성지수를 높이기보다
감사지수를 높여야 한다.

Today's Thanks

Today's Prayer

Date. . . .

감사는 고결한 영혼의 얼굴이다.
– 제퍼슨

Today's **Thanks**

Today's **Prayer**

Date. . . .

아침에 "잘 잤다" 하고 감사하며 눈 뜨는 사람은
행복의 출발선에서 시작한다.

Today's Thanks

Today's Prayer

Date. . . .

아침에 "죽겠네" 하고 몸부림치는 사람은 불행의 출발선에서 시작한다.

Today's **Thanks**

Today's **Prayer**

Date. . . .

하늘을 향한 감사의 생각은 그 자체가 기도이다.
– C. H. 스펄전

Today's **Thanks**

Today's **Prayer**

Date. . . .

항상 네 감사하는 일을 처음에는 하늘에 하고 다음에는 땅에 하라.

Today's **Thanks**

Today's **Prayer**

Date. . . .

감사는 하나님으로 하여금 두 번째 은총을 하사하시게 한다.
– 허릭

Today's Thanks

Today's Prayer

Date. . . .

감사거리를 찾다 보면 어느새 절망은 사라진다.

Today's Thanks

Today's Prayer

Date. . . .

하늘의 영광이 비치는 자만이 감사할 수 있다.

Today's Thanks

Today's Prayer

Date. . . .

하나님은 내가 아무것도 갖지 않았을 때조차 변함없이 나를 사랑하신다.

Today's **Thanks**

Today's **Prayer**

Date. . . .

승리만 아니라 패배도, 건강만 아니라 아픔도 감사하겠습니다.

Today's Thanks

Today's Prayer

Date. . . .

불행한 사람도 감사하면 행복한 사람이 된다.

Today's Thanks

Today's Prayer

기적을 부르는 감사

감사는 절망을 밀어내고 희망을 끌어오는
기적의 힘을 가지고 있다.
감사는 산수의 덧셈이나 곱셈과 같아서
감사하면 할수록 그곳에는 크고 작은 기적이 나타난다.
그러나 이와 반대로 감사가 없는 삶은
뺄셈이나 나눗셈과 같아서
받은 축복까지도 잃어버린다.

Date. . . .

경건는 성숙한 그리스도인의 표적이다.

Today's Thanks

Today's Prayer

Date. . . .

사랑은 모든 것을 이기는 힘이 있다.
- 쇼펜하우어

Today's Thanks

Today's Prayer

Date. . . .

궁궐 같은 집에서도 삶의 괴로움을 불평하는 사람이 있고,
작은 집에서도 입가에 미소를 머금고 사는 사람이 있다.

Today's Thanks

Today's Prayer

Date. . . .

감사는 최고의 항암제요, 해독제요, 방부제다.

Today's **Thanks**

Today's **Prayer**

Date.   **.**   **.**   **.**

하나님께서 즐겁게 받으시는 예배는
감사하는 마음과 기뻐하는 심령으로 드리는 것이다.

Today's **Thanks**

Today's **Prayer**

Date. . . .

시편은 감사의 노래이다. 구절마다 감사의 씨가 뿌려져 있기 때문이다.
우리의 삶은 시편 같아야 한다. – 테일러

Today's **Thanks**

Today's **Prayer**

Date.   **.**   **.**   **.**

예술은 세계와 인생에 대한 우리의 감사다.
– 게오르크 짐멜

Today's **Thanks**

Today's **Prayer**

Date. . . .

예수의 영을 소유한 사람만이 감사가 생겨난다.

Today's Thanks

Today's Prayer

Date. . . .

감사하는 마음은 빛이 어두움을 뒤덮어버리듯 두려움을 뒤덮을 수 있다.

Today's **Thanks**

Today's **Prayer**

Date. . . .

성공했을 때 감사하는 사람은 교만하지 않으며,
실패했을 때 감사하는 사람은 좌절하지 않는다.

Today's **Thanks**

Today's **Prayer**

Date.   **.**   **.**   **.**

부자가 감사하는 것이 아니라 마음이 겸손한 사람이 감사하는 것이다.

Today's **Thanks**

Today's **Prayer**

Date. . . .

평안할 때도 감사하지만 환난 중에도 감사할 수 있는 사람이
진정한 감사의 사람이다.

Today's **Thanks**

Today's **Prayer**

Date. . . .

감사는 영혼의 갇힌 것을 깨뜨린다.
– 데이도

Today's Thanks

Today's Prayer

Date. . . .

용서함은 피해의식이라고 하는 감정사에 미해합한다.

Today's Thanks

Today's Prayer

Date. . . .

감사는 척박한 땅에서 보물을 발굴하는 일이다.

Today's **Thanks**

Today's **Prayer**

Date. . . .

영광을 얻이에 대해 성사장투는 자사이는 금지도 초나님께 최고의 감사사드이다.
– 바이저

Today's Thanks

Today's Prayer

247

Date. **.** **.** **.**

감사는 힘든 시기를 큰 상처 없이 잘 넘기게 해주며
삶을 오히려 풍성하게 만들어 준다. – 뇔르 C. 넬슨

Today's **Thanks**

Today's **Prayer**

Date. . . .

은혜를 모르는 마음 다음으로 상하기 쉬운 것이 잔소리를 들을 줄 아는 마음이다.
- 월터 스콧 피츠

Today's Thanks

Today's Prayer

Date. . . .

감사는 생명력의 우물이다.

Today's Thanks

Today's Prayer

Date. . . .

가장 행복한 사람들은 가장 많이 소유한 사람들이 아니라
가장 많이 감사하는 사람들이다. – 빌헤름 웰러

Today's **Thanks**

Today's **Prayer**

Date. . .

당신이든 행위, 그것은 매우다 운전을 연습하나 자기 자신에게로 돌아온다.
— 아아쇼

Today's Thanks

Today's Prayer

Date. . . .

감사어 행복하고 찬 믿음으로, 찬 빠지다.

Today's Thanks

Today's Prayer

Date. . . .

강사하는 마음이 당에는 생명의 씨가 자랄 수 있다.
- 채피

Today's Thanks

Today's Prayer

Date. . . .

단란한 가정, 아름다운 자연, 조용한 기도 공간,
읽어야 할 좋은 책이 있어 오늘도 감사합니다.

Today's **Thanks**

Today's **Prayer**

Date. . . .

그리스도인에게 장사의 이유보다 더 고귀한 이유를 알지 못한다.
- 윌슨

Today's Thanks

Today's Prayer

Date. . . .

감사하는 마음에 행복이 깃들고 후회하는 마음에서 감사가 자라납니다.

Today's Thanks

Today's Prayer

Date. . . .

감사 일지를 만들어, 매일 밤 고마운 것들 5가지를 적어라.
새로운 희망을 갖게 될 것이다. – 오프라 윈프리

Today's **Thanks**

Today's **Prayer**

Date. . . .

감사하는 마음으로 오늘을 살고 있다면 그대가 진정 행복한 사람이다.

Today's Thanks

Today's Prayer

Date. . . .

환난과 슬픔 가운데 하나님께 감사하면
하나님께서 고난을 축복으로 변화시키신다. – 크리소스톰

Today's **Thanks**

Today's **Prayer**

Date. . . .

메마르고 각박한 세상에서 무엇에든지 감사하는 사람은
소비한 것보다 더 많은 힘을 저축하게 된다.

Today's Thanks

Today's Prayer

Date. . . .

감사함으로 세상은 더욱 아름다워진다.
– 레오 버스카글리아

Today's **Thanks**

Today's **Prayer**

제로 감사

감사는 제로에서 시작하는 것이다.
제로에서 출발하면 감사하지 못할 것이 없다.
제로 감사는 모든 것이 감사의 조건이다.
옷 한 벌, 밥 한 끼, 신발 한 켤레, 책 한 권, 커피 한 잔,
잠깐의 휴식에도 감사하게 된다.
불평은 내가 가지고 있는 나의 위치를 과대하게 생각하는
교만한 마음이고, 제로 감사는 모든 것이
하나님께로부터 왔음을 인정하는
겸손한 마음이다.

Date.   .   .   .

삶이 힘들수록 감사할 것을 발굴하라.
절망은 희망으로 바뀔 것이다.

Today's **Thanks**

Today's **Prayer**

Date. . . .

평범한 삶에서 우러나오는 감사야말로
삶을 아름답고 풍요롭게 가꾸어주는 소중한 밑거름이다.

Today's **Thanks**

Today's **Prayer**

Date.   .   .   .

자신의 허물을 지적해 주는 사람에게 감사할 줄 알아야 한다.

Today's Thanks

Today's Prayer

Date. . . .

감사를 받기 위해서는 먼저 고마움을 표시해야 한다.
– 그라시안

Today's **Thanks**

Today's **Prayer**

Date.   **.**   **.**   **.**

매일 아침 "주님, 내 안에 나와 함께 사심을 감사합니다."라고 기도하라.

Today's **Thanks**

Today's **Prayer**

Date. . . .

나는 오늘 죽을지, 내일 죽을지 모른다. 그러나 오늘 내가 살아 있다는 것,
자체만으로도 하나님께 감사한다. – 스티븐 호킹

Today's **Thanks**

Today's **Prayer**

Date. . . .

이렇게 고통 없이 나의 인생을 가게 해주신 친절한 하나님께 감사하나이다.
– 헨리

Today's **Thanks**

Today's **Prayer**

Date. . . .

감사란 참 아이러니컬한 것이다. 감사해야 할 사람들은 감사할 줄 모르고,
가진 것 없는 사람들은 작은 것에도 감사한다. – 짐 스토벌

Today's **Thanks**

Today's **Prayer**

Date. . .

노래가 몸을 은혜하여, 빠르게 뛰놀고 단풍잎, 맑고 푸른 하늘,
사랑하고 감미로운 바람, 가을이 있어 감사합니다.

Today's Thanks

Today's Prayer

Date. . . .

당요일 양이 독아가고 수풍이 룡풍 기미가 친국 떠오지 않을 때
내 마음을 향하는 것은 오녀 하나 처리라, 감사의 응원!

Today's Thanks

Today's Prayer

Date. . . .

과거의 일부만 감사의 제목이 된다면 우리의 미래도 그만큼 온전할 수 없다.
– 헨리 나우웬

Today's **Thanks**

Today's **Prayer**

Date. . . .

감사는 작은 것부터 시작해야 한다.
날마다 먹는 식탁 감사부터 시작하라.

Today's **Thanks**

Today's **Prayer**

Date. **.** **.** **.**

마음에 감사함을 심는 것은 절대로 헛수고가 아니다.
감사를 심으면 보상을 얻게 되기 때문이다. – 바실

Today's **Thanks**

Today's **Prayer**

Date. . . .

작은 일에도 늘 감사하는 사람은
복지수가 높은 사람이며 인간관계도 훌륭한 사람이다.

Today's Thanks

Today's Prayer

Date. . . .

가정에서, 직장에서, 사회에서 사람들에게 감사한 마음을 표현하라.

Today's Thanks

Today's Prayer

Date. . . .

우리가 보고 듣는 모든 아름다운 것을 주신 하늘 아버지께 감사드립니다.
– 에머슨

Today's **Thanks**

Today's **Prayer**

Date. . . .

감사가 생활화된 사람은 상대방에게도 기쁨을 갖게 한다.

Today's **Thanks**

Today's **Prayer**

Date.   .   .   .

운동할 때 집사하여 운동이 끝나고 쉬운물 때 집사하면 쉬운이 역상된다.
— C. H. 스펄전

Today's Thanks

Today's Prayer

Date. . . .

문서는 아름답고 훌륭한 이름답고 훌륭한 사람이다.

Today's Thanks

Today's Prayer

Date. . . .

오늘 하루를 걱정거리나 괴로운 일로 시작하겠는가? 아침에 대한 감사로부터
시작하겠느냐? 어느 쪽이냐에 따라 그날의 운명이 결정된다. – 칼 힐티

Today's **Thanks**

Today's **Prayer**

Date. . .

감사는 상황 중심이 삶의 원동력이다.

Today's Thanks

Today's Prayer

Date. . . .

위대한 성자는… 범사에 하나님께 감사한 사람이다.
– 윌리엄 로우

Today's **Thanks**

Today's **Prayer**

Date. . . .

감사하는 사람과 함께 있으면 모든 것이 감사로 가득 차게 된다.

Today's **Thanks**

Today's **Prayer**

Date. . . .

나는 하나님께 감사하며 살고, 또 그 힘 때문에 산다.
– 스티븐 호킹

Today's **Thanks**

Today's **Prayer**

Date. . . .

Today's Thanks

감사의 제사같은 감사하는 마음과 함께 그 마음을 표현하는 데 있다.

Today's Prayer

Date. . . .

당신이 피트니에 대해 감사하면 훨씬 더 많은 감사할 일들이 많이 발견하게 된다.
— 젤릭 C. 린드

Today's Thanks

Today's Prayer

Date. . .

강사는 통행證을 앞두고 기차를 정초하는 운동이 느는이다.

Today's Thanks

Today's Prayer

Date. . . .

진정한 감사는 하나님 아버지의 은혜를 잊지 않는다.
— 매튜 헨리

Today's Thanks

Today's Prayer

Date. . .

감사한다고 온종일 흥얼댈 만한 좋은 것은 아니나
그러나 감사할 때 우리 삶이 자신이 바뀐다.

Today's Thanks

Today's Prayer

Date. . . .

감사한 마음을 갖고 있는 것으로는 부족하다.
감사를 말로, 글로, 행동으로 표현하라.

Today's **Thanks**

Today's **Prayer**

Date.   .   .   .

감사를 배우는 과정에는 결코 졸업이 없다.
– 발레리 앤더스

Today's **Thanks**

Today's **Prayer**

다이아몬드 인생

동일한 원소인 탄소로 만들어진
석탄과 다이아몬드가 엄연히 다른 것처럼,
똑같은 환경에서 다이아몬드 같은
보석의 삶을 만드는 인생이 있는 반면,
다 타버린 쓸모없는 석탄재와 같은
삶을 살아가는 인생도 있다.
결국 자신의 일을 가치 있고,
소중하게 만드는 것은 본인 자신이다.

Date.   .   .   .

시련이 아무리 크다 할지라도, 구원받은 하나님의 백성들은
감사할 이유를 언제나 발견할 수 있다. – 빌립 E. 하워드

Today's **Thanks**

Today's **Prayer**

Date. . . .

감사할 것이 있어서 감사하는 1차원적인 감사. 좋은 일이 없는데도 감사하는
2차원적인 감사. 힘들어도 감사하는 3차원적인 영적 감사. – 감사의 단계

Today's **Thanks**

Today's **Prayer**

Date.   .   .   .

하나님께 감사하는 것은 마귀를 물리치는 확실한 방법이다.
– 스피로스 J. 히아테스

Today's **Thanks**

Today's **Prayer**

Date. . . .

감사는 아주 귀한 씨앗이다. 감사의 삶을 살면
반드시 감사에 대한 귀한 열매가 맺힌다.

Today's Thanks

Today's Prayer

Date. **.** **.** **.**

하나님은 교만한 자의 손에서는 축복을 거두시나
겸손한 자에게는 언제나 축복을 허락하신다. – 토마스 아 켐피스

Today's **Thanks**

Today's **Prayer**

Date. . . .

만약 우리에게 감사절이 없었다면 금으로도 갚을 수 없는 빚이
언제나 우리에게 남아 있을 것이다. – 프레드 백

Today's Thanks

Today's Prayer

Date. . . .

오늘을 감사하면서 내일의 희망을 안고 살아가는 사람.
그 사람이 가장 행복한 사람이다.

Today's **Thanks**

Today's **Prayer**

Date. . . .

감사하는 사람들은 인생의 힘들고 비통한 기억 속에서도 기뻐하는 법을 배운다.
– 헨리 나우웬

Today's **Thanks**

Today's **Prayer**

Date. **.** **.** **.**

서로 관계가 좋을 때 파트너를 향한 감사를 비축해 두면
어려운 시기에 큰 도움이 된다. – 뇔르 C. 넬슨

Today's **Thanks**

Today's **Prayer**

Date. **.** **.** **.**

예수님은 기적을 일으키기 전에 먼저 감사 기도를 드리셨다.

Today's **Thanks**

Today's **Prayer**

Date. . . .

그대의 물결치는 대지에 풍요와 축복을 부어 주시는 수확의 하나님은
얼마나 고마운 분이신가. – 톰슨

Today's **Thanks**

Today's **Prayer**

Date. . . .

때때로 병들게 하심을 감사합니다.
인간의 약함을 깨닫게 해주기 때문입니다.

Today's **Thanks**

Today's **Prayer**

Date. . . .

가끔 고독의 수렁에 내던져 주심을 감사합니다.
주님과 가까워지는 기회가 되기 때문입니다.

Today's **Thanks**

Today's **Prayer**

Date. . . .

Today's Thanks

오늘 계획대로 안 되지 뜻하여 주심을 감사합니다.
그러나 당신들을 통해 크게 되어 쓰임 받기 때문입니다.

Today's Prayer

Date. . .

마고 닦는 네 팔장게 하나님 감사합니다.
두렵게 빼앗는 마는 사랑을 이해할 수 있기 때문입니다.

Today's Thanks

Today's Prayer

Date. . . .

때때로 허탈하고 허무하게 하심을 감사합니다.
영원에 접근할 수 있는 기회가 되기 때문입니다.

Today's Thanks

Today's Prayer

Date. . . .

불의와 허위가 득세하는 시대에 태어난 것을 감사합니다.
하나님의 의가 분명히 드러나기 때문입니다.

Today's **Thanks**

Today's **Prayer**

Date. . . .

땀과 고생의 잔을 맛보게 하심을 감사합니다.
주님의 사랑을 깨닫게 되기 때문입니다.

Today's Thanks

Today's Prayer

Date. . . .

감사는 기적을 창조하고 더 큰 감사를 낳는다.

Today's **Thanks**

Today's **Prayer**

Date. . . .

감사는 환경의 문제가 아니라 믿음의 문제이다.
— 매튜 헨리

Today's Thanks

Today's Prayer

Date. . . .

우리는 눈물에 감사해야 한다. 왜냐하면 그 눈물은 우리의 눈을
하나님의 비전을 위해 준비시키기 때문이다. − 윌리엄 A. 워드

Today's **Thanks**

Today's **Prayer**

Date. . . .

말로만 감사하는 것은 진정한 감사가 아니다.
진정한 감사는 마음으로 감사하고 행동으로 나타내는 것이다. – W. 블레이크

Today's **Thanks**

Today's **Prayer**

Date. . . .

감사하는 사람은 자기의 삶에 유익을 끼쳤던 사람들에게
건강한 의미에서 빚진 심정을 가진 자들이다.

Today's **Thanks**

Today's **Prayer**

Date. . . .

주께서는 매일 우리로부터 작고 겸손한 예배를 원하시지,
추수감사절에 한 번 드리는 감사의 선언은 원하지 않으신다. − B. 힐스

Today's **Thanks**

Today's **Prayer**

Date. . . .

절대적 감사란 어떤 환경과 형편에서도 하는 감사인데,
이것이야말로 우리가 가져야 할 진정한 감사.

Today's **Thanks**

Today's **Prayer**

Date.　　　**.**　　**.**　　**.**

불편한 상황에서 감사가 표현될 때, 그 가치가 더 높아짐을 알라.

Today's **Thanks**

Today's **Prayer**

Date. . . .

매일 아침마다 주의 인자하심께 큰 소리로 찬양하리라.
- 팔 롱티

Today's Thanks

Today's Prayer

Date. . . .

믿음을 굳건하게 사람에게는 선하게 대하리라.

Today's Thanks

Today's Prayer

Date. . . .

밝고 명랑하게 "감사합니다" "고맙습니다"라고 말하는 것은
상대방에게 기분 좋은 보상이 될 것이다.

Today's **Thanks**

Today's **Prayer**

Date. . . .

유난히 눈부시고 파란 하늘을 보게 해주셔서 감사합니다.
– 오프라 윈프리의 감사 일기 중

Today's **Thanks**

Today's **Prayer**

Date. . . .

은혜와 은혜 사이, 축복과 축복 사이에는 감사의 사다리가 있다.
또 한번의 은혜와 축복을 누리기 위해서는 감사의 사다리를 놓아가야 한다.

Today's Thanks

Today's Prayer

감사의 씨앗

꽃을 보면서 감사하는 것은
꽃을 만드신 하나님께 감사요,
나무를 보면서 감사하는 것은
나무를 만드신 하나님께 감사다.
하늘을 바라보면서 감사하는 것은
하늘을 만드신 하나님을 향한 감사다.
감사의 씨앗을 심는 사람만이
더 큰 감사의 열매를 거둔다는 것이
믿음의 법칙이요,
예수님은 그것을 삶으로 보여 주셨다.

Date. . . .

감사라는 보석을 지닌 사람은 누더기를 걸치고 있어도 행복하다.
– 매튜 헨리

Today's **Thanks**

Today's **Prayer**

Date. . . .

작은 것에 감사하라. 큰 것을 얻으리라.

Today's **Thanks**

Today's **Prayer**

Date. . . .

부족할 때 감사하라. 넘침이 있으리라.

Today's Thanks

Today's Prayer

Date. **.** **.** **.**

고통 중에 감사하라. 문제가 풀리리라.

Today's **Thanks**

Today's **Prayer**

Date. . . .

있는 중에 감사하라. 누리며 살리로다.

Today's Thanks

Today's Prayer

Date. . . .

지나간 모든 것에 감사한다는 것은 오늘의 모든 것에 감사한다는 말입니다.

Today's **Thanks**

Today's **Prayer**

Date. . . .

돈을 잃어버리는 것은 조금 잃은 것. 건강을 잃어버리는 것은 많이 잃은 것.
감사를 잃어버린 것은 인생 전부를 잃어버린 것.

Today's **Thanks**

Today's **Prayer**

Date. . . .

하루를 원망하며 사는 것보다는 하루를 감사히 받아들이는 것이
나에 대한 최선의 예의이다.

Today's **Thanks**

....

....

....

....

....

....

....

....

....

....

Today's **Prayer**

Date.   .   .   .

감사하는 사람은 남에게도 감사하는 마음을 심어 준다.

Today's **Thanks**

Today's **Prayer**

Date. **.** **.** **.**

인간의 본질 밑바닥에는 감사를 받을 경우 말로 표현할 수 없는
기쁨이 솟아나는 유전인자가 있다. – 윌리엄 제임스

Today's **Thanks**

Today's **Prayer**

Date. . . .

감사의 어원을 보면 '좋은 선물', '축복'이라는 의미를 갖고 있다. 참된 감사란 하나님께 은혜를 입은 자가 은혜를 인하여 보답하는 좋은 선물이다.

Today's **Thanks**

Today's **Prayer**

Date. . . .

감사는 기적을 창조한다.

Today's Thanks

Today's Prayer

Date. **.** **.** **.**

과거에 대한 감사는 마음이 정리되어 평화를 주고, 현재에 대한 감사는
신바람을 일으키며, 미래에 대한 감사는 자신감과 용기를 준다.

Today's **Thanks**

Today's **Prayer**

Date. . . .

작은 일에 감사하는 사람이 가장 많이 감사한다.
일상의 삶은 모두 작은 일이기 때문이다.

Today's **Thanks**

Today's **Prayer**

Date. . . .

감옥이라도 감사가 넘치면 수도원이 될 수 있다.
– 마쓰시타 고노스케

Today's **Thanks**

Today's **Prayer**

Date. . . .

구슬이 서 말이라도 꿰어야 보배이듯 감사도 실천을 통해
하나님의 축복을 체험해야 진정한 위력을 알게 된다.

Today's **Thanks**

Today's **Prayer**

Date.   .   .   .

아침 눈 뜨자마자 먼저 감사할 일을 머릿속에 그리려고 노력했다.
그것은 행복과 건강을 가져다주는 습관이었다. - 데일 카네기

Today's **Thanks**

Today's **Prayer**

Date. . . .

믿음의 동산에 피는 꽃 중에 가장 가장 사랑스러운 꽃은 감사의 꽃이다.
– 헨리 워드

Today's Thanks

Today's Prayer

Date. . .

정사는 우리의 울분을 풀어 내고 이름답게 만든다.

Today's Thanks

Today's Prayer

Date. . .

감사는 우리를 행복하고 기쁜 충게 만든다.

Today's Thanks

Today's Prayer

Date. . . .

감사는 하나님을 기쁘시게 하고 기도가 응답되게 만든다.

Today's Thanks

Today's Prayer

Date. . . .

감사는 기도의 날개와 같다.

Today's Thanks

Today's Prayer

Date.   .   .   .

푸른 하늘과 태양을 볼 수 있고 맑은 공기를 마시며 자유롭게 산보할 수 있는 한 나는 충분히 행복하다. 이것만으로도 나는 하나님께 감사할 수 있다. – 노천명

Today's **Thanks**

Today's **Prayer**

Date. . . .

감사는 선택이다. 감사를 택하든 불평을 택하든 자유이다.
그러나 그 결과는 동일하지 않다.

Today's **Thanks**

Today's **Prayer**

Date. . . .

같은 환경에서도 감사하기로 작정한 사람의 삶은 풍요로워지지만,
불평하기로 작정한 사람의 삶은 곤고하다.

Today's Thanks

Today's Prayer

Date. . . .

어려운 일을 만났을 때에는 우선 감사할 만한 것을 구하여,
그것에 대해 정직하게 감사하라. – 칼 힐티

Today's Thanks

Today's Prayer

Date.   .   .   .

감사는 꽃과 같다. 꽃이 피는 곳에는 나비와 벌이 찾아와 춤을 춘다.

Today's **Thanks**

Today's **Prayer**

Date. . . .

남은 것에 감사하라. 장애는 오히려 나에게 축복이 되었다.
– 헤럴드 러셀

Today's **Thanks**

Today's **Prayer**

Date. . . .

주어진 환경이 어떠하든지 감사한 마음으로 받으면
마음에는 평안이 찾아오고 은혜가 넘치게 되리라.

Today's **Thanks**

Today's **Prayer**

Date.

사야에 앞들 때 하는 수많은 변명이 잘사나고
이젓 아니면 때 느리는 잘 변이 잔사가 더 많았다. - 아인슈
타인

Today's Thanks

Today's Prayer

357

Date. . .

감사는 은혜를 아는 자의 마음의 열매이며
생기를 불어넣어주는 사랑의 사로 양식이다.

Today's Thanks

Today's Prayer

아이고 조용히 여기도 마음이 마음이다.
하는 나무, 하는 기도, 하는 침묵, 하는 걸음
하는 감사, 하는 사랑, 하는 웃음,
많이 힘들어도 꽃 한 송이에게 시작되었다.
크고 아름다운 강렬한 나무 한 그루에게,
그림을 들려주는 것도 틀을 잃어버리네.
새날이 오고 같은날 같은 것들은 잊혀졌다.

하늘 가슴의 미련

Date. . . .

샤워는 몸의 땀과 먼지 따위를 씻어 내고 맑은 물로 깨끗하게 해줍니다.

Today's Thanks

Today's Prayer

Date. . . .

항상 즐겁게 생활하고 싶으면 내 몫으로 돌아온 것이
비록 작더라도 만족하고 감사하게 여겨라. – S. 스마일즈

Today's **Thanks**

Today's **Prayer**

Date. . . .

Today's Thanks

산타는 굴뚝을 통해 들어가는 것이다. 그러므로 아이들에게
그것을 가르쳐 주어야 한다. - 테일 카네기

Today's Prayer

Date. . . .

감사하는 마음은 좋은 습관을 기르는 가장 좋은 교육이다.

Today's **Thanks**

Today's **Prayer**

Date. . . .

정직한 마음이 기억되리.
– J. B. 마시엘

Today's Thanks

Today's Prayer

Date. . . .

오늘의 끝은 인생이이 맞이할 아름다운 풍경 하나 같이다.

Today's Thanks

Today's Prayer

365

Date. . . .

감사하는 마음은 자신을 비하시키는 것이 아니다.
오히려 자신을 가치 있게 만들며 상대와 같은 위치에 놓이게 한다.

Today's **Thanks**

Today's **Prayer**

Date.　　　.　　.　　.

감사를 잊어버리는 것은 하나님을 잊어버리는 것이다.

Today's **Thanks**

Today's **Prayer**

Date. . . .

감사는 하나님의 은총에 대한 기억일 뿐 아니라
경의로운 마음을 표하는 것이다.

Today's **Thanks**

Today's **Prayer**

Date. . . .

하나를 불평하면 열 가지의 원망거리가 따라오고
하나를 감사하면 열 가지의 축복거리가 따라온다.

Today's Thanks

Today's Prayer

Date.   .   .   .

나의 인생은 나만이 살 수 있는 유일한 삶이다.
항상 감사의 삶을 살라.

Today's **Thanks**

Today's **Prayer**

Date. . . .

감사란 하나님의 은혜를 인식함으로부터 시작된다.
– 스트라잇

Today's **Thanks**

Today's **Prayer**

Date.   **.**   **.**   **.**

감사는 불행을 멈추고 기적을 창조하는 은총의 도구이다.

Today's **Thanks**

Today's **Prayer**

Date. . . .

세월이 가면 흐르지도
잊혀지지 않는 사람이 마음속에 그림자도 남는다.

Today's Thanks

Today's Prayer

373

Date. . . .

감사는 마음의 윤활유이다.

Today's Thanks

Today's Prayer

Date. . . .

사람이 인생길을 힘들게 걷는 것은
하나님께 대한 감사를 잊어버렸기 때문이다.

Today's **Thanks**

Today's **Prayer**

Date. . . .

잃은 것, 없어진 것을 한탄할 것이 아니라
남아 있는 것을 헤아려 감사하라. – 헤럴드 러셀

Today's **Thanks**

Today's **Prayer**

Date. **.** **.** **.**

감사를 표현하는 가장 좋은 방법은 모든 것을 기쁨으로 받아들이는 것이다.
– 마더 테레사

Today's **Thanks**

Today's **Prayer**

Date. . . .

감사의 눈으로 인생을 바라볼 때 인생은 기쁨의 샘터요, 아름다운 정원이다.

Today's **Thanks**

Today's **Prayer**

Date. . . .

작은 감사가 큰 감사를 낳는다.
– 알렉스 헤일리

Today's **Thanks**

Today's **Prayer**

Date.   **.**   **.**   **.**

감사의 문이 열리기 전에는 행복한 인생을 살 수 없다.

Today's **Thanks**

Today's **Prayer**

Date. . . .

감사하는 마음에는 사단이 슬픔의 씨앗을 뿌릴 수 없다.
– 노르웨이 속담

Today's **Thanks**

Today's **Prayer**

Date. . . .

감사란 소풍가는 날, 엄마가 일찍 일어나
김밥을 싸 주실 때 느끼는 고마운 감정.

Today's **Thanks**

Today's **Prayer**

Date. . . .

헤어짐 차원 감사가 먼저 이루어져야 사랑스러운 결합이다.

Today's Thanks

Today's Prayer

Date. . .

감사할 수 있는 것, 이것은 틀림없이 행복으로 가는 중거다.

Today's Thanks

Today's Prayer

Date. . . .

모사이여 인내함도 다음 의미 있게 만든다.

Today's Thanks

Today's Prayer

Date. . . .

감사란 하나님의 인도하심에 대해 과거, 현재, 미래의 은총을 인정하는 것이다.

Today's **Thanks**

Today's **Prayer**

Date. . . .

나는 이룬 것이 아무것도 없다.
그래도 하나님의 자녀라는 것만으로도 감사한다.

Today's Thanks

Today's Prayer

Date. . . .

감사는 내 삶의 전혀 예측할 수 없는 기적을 창조한다.

Today's **Thanks**

Today's **Prayer**

Date. . . .

세상에서 가장 지혜로운 사람은 배우는 사람이고,
세상에서 가장 행복한 사람은 감사하며 사는 사람이다. – 탈무드

Today's Thanks

Today's Prayer

Date. . . .

지극히 작은 일에도 감사히 여길 수 있는 마음을 가진 사람은 행복지수도 높다.

Today's Thanks

Today's Prayer

┃ 온 가족이 함께 읽는 전광 목사 저서들 ┃

기도하는 사람, 대통령 링컨 시리즈

『백악관을 기도실로 만든 대통령 링컨』
『어린이 백악관을 기도실로 만든
대통령 링컨』
『책벌레 링컨이 대통령이 되었어요!』

백화점 왕 워너메이커 시리즈

『성경이 만든 사람 백화점 왕 워너메이커』
『어린이 성경이 만든 사람』
『백화점 왕이 된 벽돌 소년』

행복의 문을 여는 열쇠, 평생감사 시리즈

『평생감사』
『평생감사 실천편』
『어린이를 위한 평생감사』
『작은 감사 큰 행복』
『고맙습니다』

성경 사랑을 심어주는 성경 사랑 시리즈

『성경을 사랑합니다』
『어린이 성경을 사랑합니다』
『나는 성경을 사랑해요』

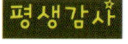

www.lifebook.co.kr
생명의말씀사 인터넷 서점

사명선언문

나로가 돌아 길이 주정찮아.....세상에서 그들 가온데 뿌림도
나누에에 생명의 빛을 발하며 _ 빌 2:15-16

1. 생명을 담아냅니다
인간의 체온 가지 가진 생명력을 담아냅니다.
그 체온으로 세상을 신선하게 합니다.

2. 생명을 탐하냅니다
생명의 고귀한 담론입니다.
진보을 위한 상상의 교류의 장을 펼쳐냅니다.

3. 빛이 되십하니다
시대의 공공선의 아동용을 위한 길잡이 되는
빛이 되는 체을 만들겠습니다.

4. 오건히 빛이 있습니다
채를 만드는 전과정 안에 건강한 정신과 꼬리뉴비어 있는
장인정신으로 행해냅니다.

5. 끝까지 친애하였습니다
모든 사람에게, 첫 활까지, 가시 요성는 그날까지
삼앙을 전하는 사명을 다녔습니다.

사업 안내

영사출판	서울시 마포구 새창로로 69 구시트괴벨비딘 1중
	02)737-2288 / 02)737-4623(F)
잡지부	서울시 마포구 토정로 177 반도오비타 3층 2호
	02)595-1211 / 02)595-3549(F)
수권부	서울시 중구 사문로 602, 3층 302호
	02)858-8744 / 02)838-0653(F)
포팀	서울시 강구 풍남로 1366 풍남면말딩 제3호 1중
	02)938-7979 / 02)3391-6169(F)
청수원	경기도 고양시 덕양구 중앙로 1391 케이스빌딩 체3호 1중
	031)916-8787 / 031)916-8288(F)
이천물류	경기도 이천시 상사체빈길 12 상사체빈 3중
	031)845-0600 / 031)852-6930(F)
인터넷서점	www.lifebook.co.kr